**A mon Grand Père Basin André Joseph**

Dans le sablier du temps, que reste-t-il de ces années qui ont vu mourir des milliers de jeunes gens?

Numéro du livre dans la collection : 18

Textes de Bernard Brunstein

© Bernard Brunstein pour les illustrations - http://peinturedebernard.over-blog.com/

ISBN : 9782322156559

Textes, poèmes et peintures de
Bernard Brunstein

# Il était une fois 14-18

Basin André Joseph (1881-1961)

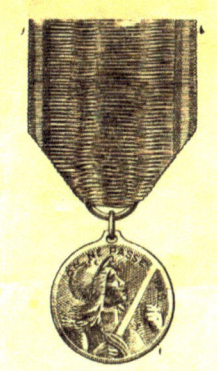

**Aux Grands Chefs – Aux Officiers – Aux Soldats – A Tous**

« Héros connus et anonymes, vivants et morts, qui ont triomphé de « l'avalanche de barbares et immortalisé son nom à travers le monde et pour « les siècles futurs, la Ville de Verdun, inviolée et debout sur ses ruines, « dédie cette médaille en témoignage de sa reconnaissance ».

Le nom de M Badin André Joseph,
soldat, 311e Régiment d'Infanterie,
Secteur de Verdun : 1916,
est inscrit sur le Livre d'Or des " SOLDATS DE VERDUN "

Le Président des A. C. de Verdun " On ne passe pas ",

Le Président du " Livre d'Or ",

Le Maire de Verdun, Député de la Meuse,

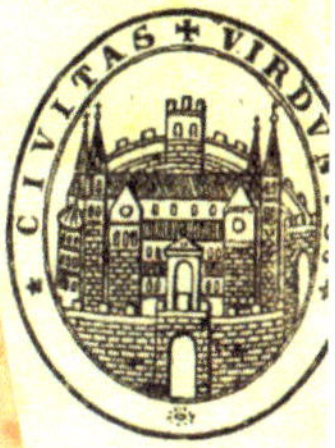


ASSOCIATION des ANCIENS COMBATTANTS de VERDUN « On ne passe pas » LE PRÉSIDENT

111e/311e d'Infie et 114e Tal Dépôt Commun
Cie DE PASSAGE ET SERVICE GÉNÉRAL

Decompte au dol

1/2 quinze

au Soldat Basin André

Rapatrié d'Allemagne fait prisonnier le 25 juillet 1916

13 Janvier 1919

7e CORPS D'ARMÉE
13e DIVISION D'INFANTERIE
25 BRIGADE

Modèle XXVI.

311e RÉGIMENT D'INFANTERIE.

**CERTIFICAT de Bonne Conduite.**

La Commission spéciale du 311e Régiment d'Infanterie, instituée en exécution du Décret du 20 octobre 1892 portant Règlement sur le Service intérieur des troupes d'Infanterie,

Certifie que le Soldat Cordonnier Bazin André Joseph. N° Mle 6320 né le 27 Janvier 1884 à Corbie département des Alpes-maritimes canton de Menton taille de 1 mètre 63 millimètres, cheveux chât-foncé front découvert sourcils chât-foncé yeux chât-foncé menton moyen visage allongé nez large bouche moyenne marques particulières :

a tenu une bonne conduite pendant le temps qu'il est resté sous les drapeaux, et qu'il y a constamment servi avec honneur et fidélité.

La présente attestation est donnée sur la proposition du Capitaine de la 3e Compagnie et du Chef de bataillon auxquels appartient le Soldat cordonnier Bazin après examen du registre des punitions, en ce qui le concerne.

Fait à Lons-le-Saunier, le 28 Septembre 1905

Le Président de la Commission spéciale,

Approuvé :
Le Général commandant la brigade,

Paris. — Libr. milit. H. Charles-Lavauzelle et Cie, rue Dauphine, 30.

Mobilisation

## Sur le mur de la mairie

Sur le mur de la mairie,
Une affiche sur laquelle est écrit
En ce 2 Aout mille neuf cent quatorze,
Mobilisation générale, c'est un ordre.
Ils sont tous partis.
Le village d'eux s'ennuie.
Le café du commerce reste vide
Même le silence devient timide
Plus de discussions politiques
Jaurès est mort, plus de critique.
La guerre étouffe les bruits
D'un monde qui à peur et qui prie.
Il est là, lui le garde champêtre.
Il aurait voulu y être,
Mais son âge lui a interdit
D'être dans les conscrits.
Chaque jour c'est à lui d'annoncer la nouvelle
A ses amis, à lui, à elle,
Il est mort au champ d'horreur
La patrie reconnait son honneur
Tous les villages de France
Prennent la couleur du voile noir,
La couleur du soir
Dans ce monde de désespérance.

Le Vaguemestre

# Lettre

Elle vient juste de terminer sa lettre.
Sur l'enveloppe, elle a écrit l'adresse
Comme une simple caresse,
A l'intérieur, ses doutes et ses peut être.

Un dernier baiser avant de la glisser
Dans la boite du facteur,
Lui qui sera le messager
De son instant de bonheur.

Lui arrivera-t-elle?
Elle ne sait même plus où il est.
Depuis quinze jours, pas de nouvelle,
Dernier domicile, une tranchée.

Dans ce monde de boue et d'argile,
Ce bout de papier fragile
Saura-t-il lui dire:
« Je t'aime, je n'ai pas osé te le dire ».

Les Blessés

## Prise de conscience

Jeune infirmière dans sa blouse blanche, elle ne connait de la guerre que ce que le journal en rapporte.
Jusqu'au jour où elle fut appelée pour servir à l'hôtel Negresco, transformé pour un temps en hôpital.
En arrivant, elle est saisie par les odeurs d'alcool et de teintures d'iode qui envahissent toutes les pièces de l'hôtel. Les blessés sont partout. La vue de toute cette jeunesse à qui il manque un bras, une jambe lui soulève le cœur. Il faut pourtant être opérationnelle, pas le temps de laisser parler les sentiments. En une seule journée, elle examine plus de trente blessés.
 À chacun, elle apporta son soutien, changea les pansements, aida un amputé des deux bras à manger son repas, emmena sur la terrasse un jeune chasseur gazé afin qu'il respire l'air vivifiant de la méditerranée, une simple caresse pour sécher les larmes d'un officier devenu aveugle, rédiger une lettre d'amour d'un soldat à la gueule cassée.
 Une journée où elle vieillit prématurément devant l'horreur de l'inutile. Son métier d'infirmière se transformait en assistante du malheur. Savoir écouter, regarder en essayant d'expliquer du haut de sa jeunesse à des hommes perdus, que la vie demain sera belle.
Le soir en rentrant chez elle, elle se mit à pleurer.

La Sentinelle

## La sentinelle

Accoudé sur le bord du parapet,
Son regard s'habitue à l'obscurité.
Autour de lui, ce n'est que le silence.
Il sait qu'il doit redoubler de prudence.

Ce soir il est de garde, il est sentinelle.
Son fusil à la main, son « Lebel »
Tous ses sens sont aux aguets
De lui dépend la sécurité.

Devant lui s'étend la plaine
Dévastée par les bombes,
Un trou, un monticule, une tombe
Pour qui, pourquoi tant de haine.

Le temps n'est pas à la philosophie,
Seule compte la survie.

Un bruit dans les barbelés,
J'épaule, faut il tirer?
Fausse alerte, ce n'est qu'un rat.
Lui, il mange, il est bien gras.

La relève vient d'arriver,
Je vais pouvoir me reposer.

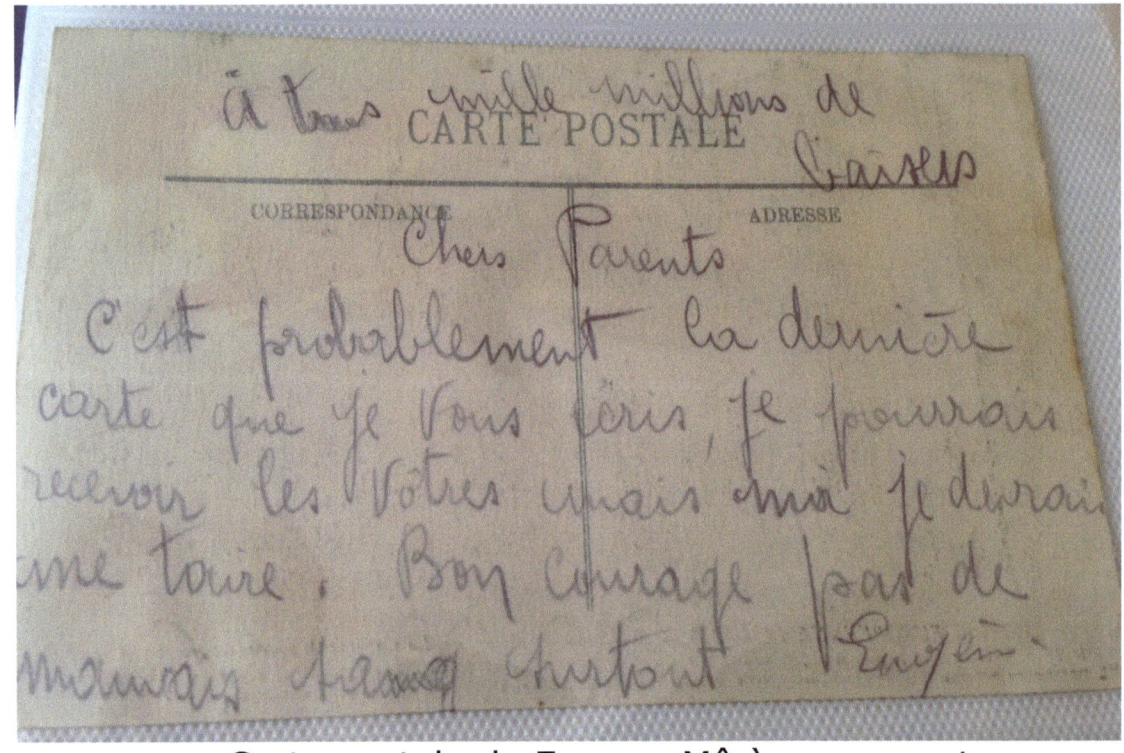

Carte postale de Eugene Mô à ses parents

Eugène Mô est né à Nice en 1891. Mobilisé en 1914, il fut affecté à une escadrille de reconnaissance. Au cours d'une mission de renseignement où il devait atterrir dans les territoires occupés près d'Attigny, dans les Ardennes, il fut pris par les Allemands, incarcéré à Rethel et finalement fusillé à Amagne-Lucquy (Aisne) le 6 août 1915. Refusant qu'on lui bande les yeux, il cracha au visage du commandant du peloton d'exécution et cria « Vive la France » avant de tomber. Il repose au cimetière Saint-Roch à Nice.

***Chers Parents***

***C'est probablement la dernière carte***
***Que je vous écris***
Je ne peux vous dire où je suis.

Ils surveillent et, sans préalable, écartent
Un mot de travers, la censure opère.

***Je pourrais recevoir les vôtres***
***Mais je devrais me taire.***

Parlez-moi de chez nous, de vous et des autres.

***Bon courage pas de mauvais sang surtout***
***A tous mille millions de baisers***

A Vous, un très doux
A mes amis, ceux de l'amitié.


En partant du texte d'Eugene Mô à ses parents,
j'ai imaginé ce qu'il aurait pu écrire si il n'y avait
pas eu la censure.

Les femmes pendant la guerre

## La veuve

Elle l'a vu partir
Un jour du mois d'aout.
Il lui a dit avec un sourire
Je reviens, pas de doute.
Puis le temps s'est écoulé,
Chaque jour, elle s'est occupée
De la maison et des enfants
Des animaux et des champs.
Au début, elle recevait des nouvelles.
Le facteur criait « Annabelle,
Une lettre des tranchées .
Tu vois, il ne t'a pas oublié »
.
Puis tout s'est écroulé.
Le maire est venu lui annoncer
« Il est mort au champ d'honneur ».
Ce jour la elle poussa un cri d'horreur.
Elle ne le verrait plus.
Il est là haut en terre inconnue.
Elle prit la couleur du noir,
Celle qui marque le désespoir.
Etre veuve à vingt ans,
A l'âge de l'eternel printemps.
Quel sera son avenir?
Aujourd'hui, elle ne voit que le pire.

L'Assaut

## Le Clairon

J'étais beau, je brillais de tout mes feux lorsque mon maitre me sortait lors des concerts d'été. À ses lèvres il me portait pour me faire sonner et ma voix s'élevait au dessus des autres instruments.

En ce temps là, il me faisait jouer du jazz. C'était avant ce jour d'aout mille neuf cent quatorze, le deux très précisément où il m'emmena avec lui dans cette caserne du coté de Nancy.

Là, j'ai du apprendre toutes les sonneries militaires, le Lever, le Coucher, le Salut ….

Puis, ce fut les tranchées où je devais sonner la charge pour obliger les hommes à courir vers la mort. Quatre années où j'ai failli mourir écrasé, enterré dans des trous d'obus, mais le destin n'en a pas voulu ainsi.

De ces quatre années de misère, je ne garde qu'un seul souvenir. Le matin du onze novembre mille neuf cent dix huit, c'était un lundi à onze heures, mon maitre me fit jouer le « cessez le feu ». Ma voix ne fut jamais aussi belle que ce matin là.

Puis ce fut le retour à la maison. Mon maitre n'a jamais retrouvé le sourire. Beaucoup de ses amis sont restés là-bas du coté de Verdun. C'est pour cela que je me suis retrouvé rangé dans cette malle au milieu des ses médailles.

Et plus jamais il ne me fit chanter.

Entre deux attaques

# Bref instant

Cette nuit, j'ai rêvé!
Que la folie des hommes s'était arrêtée. La terre labourée par les obus se couvrait de blé en herbe.
Que le sang des blessés devenait coquelicots, taches de sang vermeil de la nature au réveil.
Que la boue des tranchées devenait édredon où il était bon s'endormir à l'abri du froid.
Que je revenais chez moi, sous le soleil de ma Provence, respirant les odeurs de thym et de lavande que je foulais avec mes pieds,
Que tu me disais «Je t'aime», toi ma douce belle, toi à qui j'ai promis le mariage.
Que...mon rêve s'arrêta là, bousculé par le bruit des bombes.
Ce rêve fut un moment de trêve où mon âme fatiguée eut un bref instant de bonheur. Peut-être que ce soir je le retrouverais. Je le note au crayon gris sur mon cahier d'écolier, pour que demain à l'arrière lors de la relève, je puisse te l'écrire.
Cette nuit j'ai rêvé.........que je t'aimais.

### Pépé

Le soir, un moment de silence
Où la cheminée ronronnait
Devant l'eau qui frissonnait,
Les souvenirs étaient là, tu pensais
A tous tes amis partis
Appelés par la mère patrie.
Aujourd'hui, leurs noms sont gravés
Sur le monument, la pierre levée.
Eux qui, comme toi, ne connaissaient
Que leur village et celui d'à coté.
Et ce jour où sur le mur de la mairie
Mobilisation générale fut écrit.

Ils ont dit à leur femme avant de les embrasser,
« On revient, ça ne va pas durer.
Dans une semaine, on est à Berlin.
Le Kaiser ne va pas faire le malin ».
Quatre années pourtant ont passé.
Dans la boue des tranchées,
La jeunesse est devenue vieille,
La mort leur parlait à l'oreille.
Je ne sais quelles furent les circonstances
Au Mort-Homme, tu fus prisonnier.
Comme quoi, parfois la chance,
Vivant tu allais chez toi retourner,
Rentrer chez toi sans blessure.
Et pourtant, rien ne pouvait te faire retrouver
Le sourire de tes jeunes années.
Car sur la pierre, l'écriture
Des noms de tes vingt amis
Te rappelle pourquoi toi et pas lui.
La guerre a joué à la roulette russe
Entre la France et la Prusse.

Si tu n'étais pas rentré,
Je ne serais pas en train d'écrire.
Tu vois, si j'avais pu te le dire,
Ton sourire tu l'aurais retrouvé.

Les souvenirs étaient là, tu pensais.

Camp de prisonniers

Les prisonniers

Ils ont crié «Haut les mains»,
«Hände hoch» en allemand,
On arrive depuis le temps
A comprendre le «germain».
Nous voila prisonnier,
Fini pour nous la liberté,
Dans les stalags, ils vont nous enfermer.
Est-ce le prix que l'on doit payer
Pour retrouver un jour notre village.
Demain refleuriront les bleuets
Que l'on pourra en partage
Offrir à la bien aimée.

Pour nous, la guerre est finie.

L'attaque

# Séparation

Sur la place du village
La foule se presse avec attention
Devant l'affiche de mobilisation.
Un jeune paysan, les poings serrés de rage
Sous son chapeau de paille enfoncé jusqu'aux yeux,
Est là, hébété.
Il lit l'affiche d'un air malheureux
Parmi les hommes agglutinés.

Une jeune fille se fraye un chemin
Doucement, lui attrape la main
Et lui dit «C'est moi ta bien aimée,
Pourquoi les gens sont-ils affolés? »

« Il me dise là que je dois partir.
Rassure toi, je vais revenir.
Je dois aller faire la guerre,
Tu t'occuperas de la terre.»

Sur le chemin de la gare,
Juste avant le grand départ,
A son doigt elle a glissé
Son anneau et l'a embrassé.

Le soleil brille en ce jour du 11 novembre 1919. La fanfare venue de Menton joue la Marseillaise. Nous sommes là au garde à vous. Les boutons de nos uniformes brillent, ici il n'y a pas de boue. Nous sommes les récipiendaires de je ne sais pas quoi et pourquoi nous? Le Maire fait son discours et déjà ma pensée s'en est allée du coté de Verdun, cette ville de l'est que je ne connaissais pas.
Gorbio s'enfonce dans un brouillard, j'entends des cris, des râles français, allemands.

Je ne sais plus où je suis. Il faut que j'avance, c'est l'adjudant qui le crie. Je vois à coté de moi des amis qui tombent. Je ne peux m'arrêter pour leur tendre la main. Les balles de mitrailleuses sifflent et frappent au hasard. La baïonnette, au bout de mon fusil, me rappelle qu'ici, on crève ou on vit. Dans un trou d'obus, prés d'une tranchée ennemie, je retrouve ma compagnie, enfin ce qui l'en reste. Un jeune sous-officier nous rassemble.

Je suis à Gorbio. Le Maire parle de mes amis d'enfance, eux qui sont restés couchés sur cette terre lointaine. Leur nom sera gravé à jamais sur cette pierre.

Cette pierre, qui me rentre dans le dos, dans ce trou d'obus où le silence vient troubler le bruit. Plus personne n'ose parler. C'est à peine si on ose respirer.

Le sous-officier, nous annonce que nous sommes au lieu dit Mort-Homme. Personne n'a envie d'en rire, la vie est étouffée par le râle des mourants. Nous ne sommes plus qu'une poignée. La lune éclaire notre tranchée quand soudain un cri :

« In die Hände schnell stellen Sie ihre Waffen ».

Pas besoin de traducteur, nous sommes pris au piège. D'hommes libres, nous devenons «Kriegsgefangener», prisonnier de guerre, mais en vie.

La fanfare joue la Marseillaise quand le Maire vient m'épingler la médaille sur laquelle est gravé «On ne passera pas». J'ai fermé les yeux en souvenir de mes camarades épinglés sur les fils de fer barbelé.

«On ne passera pas». Alors pourquoi, moi, je suis passé.

Signature de l'armistice

## Armistice

11 novembre mille neuf cent dix huit,
Le matin est brumeux et frais.
Dans la tranchée la popote est cuite
Tout est calme, reposé.

Quelques tirs de sentinelle
La guerre, elle, elle se rappelle.
Combien de temps cela va-t-il durer?
Le poilu, lui, est résigné.

Quand soudain, sur le coup de onze heures,
Une sonnerie retentit.
Personne n'y croit ici,
Il y a longtemps qu'on ne croit plus au bonheur.

Cessez le feu! Le clairon sonne.
Un cri, une clameur
Circule comme une rumeur,
Les armes, on abandonne.

## Les croix blanches

Que reste-t-il de votre jeunesse
Dans cette plaine de détresse
Où s'alignent toujours debout
Les croix blanches au garde à vous.

Gardiennes de votre histoire,
Elles nous obligent au devoir de mémoire,
Vous qui êtes tombés
Pour que le monde vive en liberté.

CARTE POSTALE

Antibes 22 Novembre 1914

Cher Parents
Je suis toujour en bonne santé et j'espère que ma carte vous trouve de même Votre fils qui vous serrent la main
Basin

Meuse
Souvenir
de Clery-le- Basin
Bataille du 15 juin André
au 14 Septembre 311ème Infanterie
1916

Le Fusillé

La Cavalerie

## La ruine

Elle dresse ses pierres
Attaquées par le lierre,
Au milieu de son champ
Comme une injure au temps.
Les fenêtres sont ouvertes,
Regard vide sur pièces désertes.
Le toit s'est effondré,
Les tuiles jouent avec le plancher.
Le vent, la bise font le ménage
Dans cette maison sans âge
Qui conserve le souvenir
Des amours, des soupirs
Avant que la porte ne fut close
Par un homme au regard morose
Parti pour quelques heures
Et mort, au champ d'honneur.
Elle dresse ses pierres
Attaquées par le lierre
Et résiste aux intempéries
Pour rappeler qu'ici, c'était la vie.

Editeur : BoD-Books on Demand, 12/14 rond point
des Champs Élysées, 75008 Paris, France
Impression : BoD-Books on Demand, Norderstedt,
Allemagne
ISBN : 9782322156559
Dépôt légal : Avril 2017